La relaxation pour tous

DU MÊME AUTEUR EN LIBRIO

Contes zen, Librio n° 503
Nouveaux contes zen, Librio n° 579
Dieu en poche, Librio n° 627
Le moustique, Librio n° 679

Henri Brunel

La relaxation pour tous

Conseils, exercices et astuces pour rester zen au quotidien

Librio

Texte intégral

Les textes qui composent cet ouvrage sont extraits du *Guide de la relaxation pour ceux qui n'ont pas le temps* paru aux éditions du Seuil.

Je me suis assise à ton seuil...
sur la marche tiède...

Marie NOËL

La *relaxation* peut bouleverser nos vies ; elle ouvre en nous des chemins ignorés, pénètre au cœur de la citadelle, elle est une passerelle vers le Bonheur. Comment écrire à son sujet sans tourner sept fois la plume dans l'encrier ? Comment prévenir les risques de manipulation, les dérives, les excès ? Comment créer par le biais d'un livre cette relation privilégiée et confiante, qui doit se nouer entre celui qui apprend et celui qui sait un peu de vérité ? Comment ne rien dire qui nuise, et rien qui ne *serve* ? être sérieux sans être grave, informer, guider, sans jamais blesser la liberté ?

J'ai longtemps médité, tâtonné, fait, refait, douté avant de présenter ce petit ouvrage « original ». Je n'ai pas voulu écrire un traité de plus, il en existe déjà des centaines, et certains remarquables. J'ai choisi d'offrir un livre honnête et malicieux, un livre de passeur, un livre d'amitié. Nos contemporains étourdis d'images et de bruits ne s'intéressent qu'aux résultats immédiats, ils ont besoin de concret. Je propose des « recettes » dont l'effet est quasi instantané, patent et... limité. Mais j'invite à poursuivre, j'ouvre des portes, je donne les clefs, j'entrebâille sur le lointain. Je ne dis rien qui ne soit dûment rodé, estampillé, et sans danger. Je partage le meilleur de ce que je sais. Mais le voyage, au bout du compte, c'est seul, que vous le ferez. Bonne chance au pays de la relaxation !

Henri BRUNEL

Une approche originale de la relaxation

Les personnes tendues se brûlent. Elles gaspillent follement leur énergie vitale, jetant dans le brasier leur adénosine triphosphorique (ATP). Elles préparent une terre accueillante, de sympathiques autoroutes aux maladies psychosomatiques : hypertension, asthme, ulcères de l'estomac et du duodénum, colites, dermatoses, troubles cardio-vasculaires, migraines, insomnies, etc. Elles tendent, si j'ose dire, un cou docile au lacet des névroses. Elles perdent la maîtrise de leur mental, et n'assurent plus le sage gouvernement de leur corps. Bref, elles gèrent absurdement leur vie. Je propose une solution : la relaxation.

— Je vous remercie de votre conseil, cher auteur, et vous n'êtes pas le premier à me le susurrer. Mais croyez-vous que ce soit si facile ? Je suis un homme actif, conseiller en entreprise je voyage d'un bout à l'autre du pays, et souvent à l'étranger. Je suis d'un tempérament anxieux. Qu'y puis-je ? J'aimerais sans nul doute être une sorte de Phileas Fogg au sang-froid imperturbable, posséder l'équilibre du dalaï-lama, la paix intérieure d'un moine trappiste, la sérénité de Gandhi, mais ce sont là rêves et fumées...

— J'insiste, essayez de vous *relaxer* !

— J'ai passé ma vie à me relaxer !

« On m'a conseillé le sport ; je me suis mis sans délai au jogging, squash, tennis. L'hiver en montagne : ski alpin, monoski, parapente. En été la mer : skimboard, bodyboard, et même longboard, un peu de morey-boogie évidemment. *Épuisant !*

« Un médecin ami m'a recommandé... la marche ! je m'ennuyais trop. J'ai goûté à l'hydrothérapie – natation, bains d'algues, cures de remise en forme ; une année j'ai effectué un séjour dans une station thermale ; séjour remboursé par la Sécurité sociale ! J'ai usé de la nourriture comme d'un calmant, j'étais devenu un drogué au chocolat. J'ai grossi de vingt kilos en trois mois, que j'ai dû perdre en deux. *Éprouvant !*

« Bien entendu j'ai fait le tour des anxiolytiques. J'avais commencé "pianissimo", ensuite "allegro" : j'avalais chaque matin ma petite pilule de bonheur, et "fortissimo" : je ne pouvais plus m'en passer. J'étais devenu tellement amorphe, que je devais absorber des excitants pour me réveiller ! Bilan : des espoirs de courte durée, implacablement suivis d'échecs. Je suis résigné. Je serai toute ma vie angoissé, stressé. C'est ainsi. Point.

— Avez-vous pensé aux véritables méthodes de relaxation ?

— Quelles méthodes ? Il en existe autant que de recettes pour maigrir ! Tenez ! J'ai eu naguère une amie passionnée de yoga. Sympathique mais farfelue. Elle possédait tout une bibliothèque sur le sujet : les manuels de Yesudian, d'Eva Ruchpaul, de Van Lysebeth, le yoga en bande dessinée de J.-P. Roumanes, le *Yoga pour elle* d'Ed. Longue, je vous cite au hasard, mais il y avait pêle-mêle des traités de sophrologie, le *Training autogène* du Dr Schultz, *La Relaxation progressive* du Dr Edmund Jacobson, la méthode de Françoise Mézières, celle de Louise Ehrenfelds, de Moshe Feldenkrais, de Muriel Jaër. Cette dernière m'a retenu un moment. Elle préconisait une relaxation inspirée par les libres mouvements de la danse javanaise... pourquoi pas ? Je vous passe l'eutonie de Gerda Alexander, et l'eurythmie de Rudolf Steiner, les ouvrages prônant la musicothérapie, les massages relaxants, la visualisation lumineuse, etc. Comment choisir ? Un jour de bonne volonté, j'ai résolu de m'attaquer au livre du Dr Jacobson, *Savoir relaxer*[1]. Une demi-heure de lecture m'a suffi. C'était affreusement long et rébarbatif. Se relaxer devenait un métier. J'ai abandonné.

— Je compatis, cher monsieur, au récit piquant et quelque peu ébouriffant de vos déboires ! Ne vous offensez pas, je vous prie, de ce ton malicieux. La relaxation ne se conçoit sans l'humour qui dédramatise, le

1. *Savoir relaxer pour combattre le stress*, Éd. de l'Homme, 1980.

sourire et l'amitié qui ensoleillent, le respect qui laisse ou rend à chacun sa dignité.

« Cependant, je comprends votre désarroi. Les manuels de "relaxation" ont poussé ces dernières années comme les champignons à l'automne. Les traités les plus sérieux sont parfois de lecture ingrate, ils exigent trop du néophyte. C'est que souvent la relaxation est envisagée au bout du chemin, quand elle est maîtrisée, quand elle génère une attitude constamment juste, en exact équilibre entre la tension et le relâchement, comme un idéal de vie. Mais au début du chemin, on est perdu, étourdi dans le tintamarre des méthodes proposées, rebuté par la difficulté des meilleures. Il est parfois indispensable de recourir à un guide éclairé : psychologue, médecin, psychiatre spécialisé, professeur de yoga, etc.

— Si vous me renvoyez aux « spécialistes », je me demande, excusez-moi, à quoi peut bien être utile le livre que vous nous présentez ! ?

— Mon approche est originale, je me situe aux marches du temple. Je suis le *portier* de la relaxation. J'accueille sur le seuil avec le sourire de l'amitié : les hésitants, les étrangers, les égarés, les exclus, j'interpelle les affairés, les surmenés, les indifférents et même les récalcitrants.

JE M'ADRESSE À :

Ceux qui voudraient bien entrer, mais n'osent pas en raison de leur âge, de leur pauvreté, de leur handicap physique, culturel ou social...

Ceux qui ont la peau de l'âme fragile que

la vie blesse à l'excès, stressés pour un mot, un geste, une vétille, et qui n'imaginent pas qu'une solution existe... à leur portée.

Ceux qui ont déjà « essayé » un peu de yoga, un peu d'eutonie, un peu de cela, un peu de ceci, à la cueillette du hasard, n'ont jamais rien choisi, perdus avant d'avoir commencé.

Ceux qui compensent en activités frénétiques leurs pulsions d'angoisse, cyclistes maudits qui ne peuvent une seule seconde cesser de rouler sous peine de s'effondrer.

Ceux qui n'ont réellement pas le temps. Je pense aux mamans accablées d'enfants, qui font deux journées en une, et qui ne peuvent jamais « voler » une heure de solitude, de silence, de paix.

Ceux qui se moquent ouvertement de ces « méthodes de relaxation », les tiennent pour coquecigrues ; mais qui ont peur le soir, en secret.

Et tous ceux que j'oublie...

Je m'adresse : aux angoissés chroniques, aux stressés d'occasion...

À tous ceux-là, clos sur une vie absurde, verrouillés dans le malheur au quotidien, je leur offre :

DES TECHNIQUES DE RELAXATION Simples, efficaces, sans danger. UN ÉVENTAIL DE RECETTES choisies avec soin parmi des centaines.

Le livre en main, on fait son menu. Chacun privilégie la ou les « recettes » qui correspondent le mieux à sa personnalité, s'harmonisent avec la couleur du jour, s'ajustent aux circonstances. Bien entendu, ces relaxations ne *suppriment* pas l'anxiété, elles l'écrêtent, enlèvent le vif de l'angoisse, stoppent les débuts de panique, soulagent aux moments difficiles. Elles donnent loisir de se reprendre, de se maîtriser et d'aborder la coque intacte dans les eaux apaisées. Elles permettent de recourir à bon escient à des techniques plus complexes, qui ne sont pas toujours exemptes de danger.

J'ajoute que ces « recettes » à la fois anodines et subtiles, je ne les ai pas tirées d'un chapeau. Je les ai choisies une à une, et longuement expérimentées au cours de mes années de pratique. Elles ne comportent aucune contre-indication, elles sont efficaces et goûteuses.

Tout cela est trop beau pour être vrai ! Il y a quelque part un piège, un prix à payer ! « *In cauda venenum* », dit la maxime latine. « C'est à la fin que se trouve le poison »... Je plaisante. Je plaisante, et cependant je dois avouer que ces « recettes » ne sont opérantes que sous trois conditions :

Essayer

Il faut les essayer !

Vous aurez beau lire et relire cent fois ce livre, il vous faudra en fin de compte « sauter le pas », essayer. Nul ne peut se relaxer à votre place.

Persévérer

Votre choix fait, la relaxation amorcée, il faut tenir, il faut vous obstiner ! Combien de temps ? Cela dépend de votre « qualité » d'anxiété, de la cohérence entre votre choix et votre personnalité, etc.

Vous aimer

Enfin il faudra vous aimer, vous regarder avec bienveillance, humour et lucidité. L'amour équitable de soi est la *pierre d'angle* de toute relaxation.

« Vous vous êtes abordés comme coquelicot et blé », écrit avec une musicalité tendre le poète René Char. La poésie dit souvent mieux qu'un discours de raison la vérité cachée et difficile. Aimez-vous ! Soyez entre vous et vous « comme coquelicot et blé », et souriez ! Ne pesez pas, soyez légers. Je ne plaide pas pour l'insouciance et la frivolité, mais pour une juste appréciation des bosses, que vous prenez pour des montagnes, et des petits ennuis que vous nommez tragédies.

La relaxation est une stratégie du bonheur. On ne peut tout dire dans un livre. J'offre des solutions, un coup de main, un instant de fraternité. Le reste c'est vous qui le ferez.

Le bonheur est dans le pré. Cours-y vite, cours-y vite.
[...]
Si tu veux le rattraper, cours-y vite. Il va filer.

Paul FORT

Relaxation de la langue

Mme C. est une bavarde impénitente. Elle a la parole pour refuge et pour abri. Je la connais bien, c'est une élève de mon cours de yoga.

— Ah ! que je suis heureuse de vous voir ! Depuis ce matin, j'ai une boule là...

Elle me désigne d'un doigt boudiné le creux de son estomac.

— Figurez-vous que ma belle-fille m'a jetée dehors ! Il paraît que je me mêle de ce qui ne me regarde pas ! Tout cela parce que je lui faisais observer que le petit Julien partait à l'école sans son imperméable, alors que cet enfant est fragile, cet hiver il nous a fait une bronchite, il est comme son père...

— Stop ! dis-je, avec fermeté.

J'ajoute en souriant :

— Si vous voulez, je vais vous indiquer une relaxation qui dissipera votre boule là, au creux du plexus solaire !

— Je veux bien ! soupire-t-elle, avec reconnaissance. Mais... je n'ai guère le temps ce matin, les courses, le repas et j'ai rendez-vous cet après-midi avec ces dames du comité, vous les connaissez...

Je l'interromps en plein élan.

— Vous allez vous relaxer ici !

Mme C. me regarde, stupéfaite, ses mains se crispent sur son Caddie. Autour de nous de rares clients circulent entre les rayons du supermarché.

— Vous me faites confiance ?

Elle hésite un instant, puis acquiesce.

— Bien ! Je vais vous prescrire une relaxation de la langue...

— De la langue ? Mais c'est sur l'estomac que ça m'oppresse, ça m'étouffe !

Je ne réponds pas. Je ne vais pas lui expliquer ici que le stress dont elle se plaint, et qui se manifeste au niveau du plexus solaire, va être désamorcé ailleurs. La relaxation, qui est une démobilisation des muscles volontaires, peut concerner n'importe quel endroit du corps. Ensuite elle se propage dans tous les muscles volontaires et muscles lisses, comme ronds dans l'eau d'un étang. La langue qui comporte dix-sept muscles très actifs est un bon angle d'attaque, singulièrement quand l'on s'adresse à un bavard. Je lui souris avec toute l'affection que j'éprouve spontanément pour mes élèves de yoga, et je commence :

— Imaginez le volume de votre cavité buccale, vous la voyez ? Détendez les mâchoires en bas, les dents doivent à peine s'effleurer, explorez avec la langue l'arrière des incisives, le palais rugueux près des dents et le voile si doux. Prenez conscience du volume de la langue, de son attache dans l'arrière-gorge.

Représentez-vous maintenant la masse tout entière de langue de la base à la pointe, laissez-la s'affaisser, s'aplatir au fond de la bouche comme une sole échouée sur le sable du fond de l'eau. Sentez votre langue molle, chaude, indolente, amorphe. Résistez aux envies de l'agiter, maintenez-la avec patience étalée, calme, au repos[1].

Mme C. me regarde avec dans l'œil une lueur bizarre, manifestement elle ne me croit pas. Mais elle n'ose me contredire et me quitte sur un salut courtois. Je ne revois Mme C... que plusieurs jours plus tard. Quand j'arrive à mon cours de yoga, elle pérore au milieu d'un groupe de dames, je m'approche sans bruit et je l'entends qui parle, qui parle... avec volubilité de la « relaxation de la langue » !

— C'est extraordinaire, on peut la pratiquer en faisant ses courses, chez le médecin, en voiture, pas besoin de s'allonger sur un tapis.

Je m'éloigne en tapinois, et je souris dans ma barbe.

1. Un signal physiologique très net (un flot de salive envahit la bouche) annonce le début de la détente.

"Une" relaxation des yeux

« Une » et non pas « la », il existe en effet des dizaines de relaxations des yeux, toutes intéressantes. Celle que je propose ici a le mérite de la simplicité et une grande efficacité en cas de crise aiguë. Elle émousse l'acmé, la pointe de l'angoisse, et donne le temps de recourir à d'autres moyens ou d'appeler le médecin. Témoin cette anecdote :

Cet été-là mes deux filles, leurs maris du week-end[1] et mes huit petits-enfants s'étaient installés dans un gîte rural à deux pas de mon village ; solution idéale, qui préservait le rythme de vie de chacun sans rompre le lien de proximité et de tendresse. Un matin de juillet, je trouve ma fille aînée seule dans le jardin. Elle a le visage pâle, défait, elle respire à petits coups haletants, et tient à la main son aérosol de Ventoline.

— Tu as une crise d'asthme ?

— Oui, j'en ai, ai eu toute la nuit... hoquette-t-elle.

---

1. Mes deux gendres rejoignaient leurs familles respectives pendant les week-ends.

— Et la Ventoline ?

— Je crois que j'en ai trop, trop pris, je suis mal, j'ai peur, papa !

— Tu vas faire immédiatement ce que je vais te dire. Tout de suite ! ajouté-je, un peu rudement.

« Tu vois la prairie, et la colline au loin ? Laisse tes yeux errer dans le paysage, essaie de ne rien nommer, ne juge pas, accueille avec confiance, ris un peu de toi-même, souris en te laissant envahir, baigner. Non ! Ne te tourne pas vers moi ! Démobilise tes yeux, regarde sans voir, sans "percevoir", ne compare pas, n'analyse pas, accueille, accueille, souris... Ainsi trois ou quatre fois.

Enfin le visage de ma fille s'apaise, je n'aperçois plus danser dans ses yeux la petite lueur folle de l'anxiété.

— Ça va mieux, papa ! soupire-t-elle.

— Maintenant, va te reposer un instant. Si tu veux j'appelle le médecin.

Elle sourit sans me répondre, et bras dessus bras dessous nous rejoignons la maison de vacances qui s'éveille.

Dans cet exercice de relaxation « minute », j'ai pris appui sur les yeux pour induire une relaxation générale, et stopper un commencement de panique. À cela deux raisons. Ma fille aînée a des yeux noirs de braise vifs et perçants qui détecteraient une épingle dans un parquet au bout de la pièce. Un organe sain, en bon état de fonctionnement répond de façon plus rapide et plus efficace à un ordre de relaxation. Les yeux ont un rôle très particulier dans la gestion de notre sécurité. Ce sont eux qui signalent avant les quatre autres sens les dangers éventuels, ce sont les sentinelles de l'organisme. Ils sonnent le début et la fin de l'alerte. Nous sommes conditionnés à leur obéir.

Une relaxation « éclair » soulage sur l'instant, parfois évite le pire, elle ne guérit pas. Mais ce n'est déjà pas si mal de mettre dans nos vies un peu de sagesse et de sourire.

La relaxation des épaules

— Il y a un monsieur qui désire vous voir !

J'aperçois par l'entrebâillement de la porte un petit nez semé d'éphélides et les boucles rousses de l'une de mes élèves de yoga.

— Je n'ai guère le temps... soupirai-je, le cours commence dans cinq minutes...

Je n'ai pas fini de parler que le monsieur est entré. La quarantaine élégante, le visage souriant, il me tend avec aisance sa main à serrer.

— Oui ? dis-je, en me reculant un peu, et je manque faire dégringoler une pile de livres.

Mon bureau dans cette salle de yoga est un placard de cinq mètres carrés.

— Cher monsieur, ou dois-je vous appeler maître ? dit l'homme d'un ton cérémonieux qui frise l'insolence, je souhaiterais inscrire mon épouse à votre cours de yoga ; elle en a besoin, la pauvre !

Le langage et les façons de cet homme m'agacent.

— Écoutez, dis-je un peu sèchement, j'aurais préféré qu'elle vienne en personne.

— Ah ! la pauvre chérie est tellement

timide ! Toujours sur les nerfs, enfin vous voyez... avec toutes les bonnes femmes que vous avez ici, vous devez avoir l'habitude !

— Il est exact, dis-je froidement, que les hommes sont en minorité et pourtant certains tireraient un net bénéfice du yoga, ne serait-ce qu'en apprenant à se relaxer.

— Pas moi en tout cas !

Il rit.

— Je suis toujours détendu, et il me sourit toutes dents dehors, les jambes légèrement écartées, l'air parfaitement sûr de lui.

— Vos épaules ! fais-je remarquer.

— Mes épaules ?

— Oui, vos épaules sont contractées.

D'un seul coup ses épaules retombent, s'affaissent comme un vêtement qui coule hors de son cintre.

— Je ne m'en rendais pas compte ! avoue-t-il, brusquement décontenancé.

Le « monsieur » parti, j'observe avec humour que ce dialogue m'a un peu échauffé et que mes épaules sont contractées ! Je les détends rapidement en me moquant de moi-même. La tension des épaules est l'une des plus communes qui soient, elle survient presque automatiquement dans les situations de stress, même léger. Or, si l'on prend garde aux sourcils froncés, à la mâchoire bloquée, aux poings serrés, si l'on remarque la boule œsophagienne, la barre rétrosternale, etc., on oublie facilement la contraction des épaules.

Comment relaxer les épaules ?

Les relaxations « locales » qui concernent un muscle ou un groupe de muscles bien déterminé suivent à peu près le même protocole qu'il est utile de rappeler.

1. Repérage

On repère le ou les muscles contracturés. On les nomme, on les visualise dans la mesure du possible. Par exemple, le principal responsable de la contracture de l'épaule est le « trapèze ». Ce muscle plat s'étend de la colonne vertébrale (région cervico-dorsale) jusqu'à l'épaule. Mais il est presque impossible, à moins d'être un spécialiste, de nommer et *a fortiori* de visualiser tous les muscles mis en jeu dans les diverses contractures de l'épaule : le deltoïde, le grand et le petit pectoral, le coraco-biceps, etc. Le repérage est alors cénesthésique, on s'efforce de « sentir » la tension musculaire. Dans ce but on contracte et on laisse se détendre les muscles concernés. C'est dire que l'on provoque sciemment une tension et que l'on cesse de la provoquer. On renouvelle ce processus, en diminuant graduellement l'intensité : tension, détente, tension, détente... jusqu'à pouvoir déceler les changements infimes grâce à une perception de plus en plus subtile.

2. Démobilisation

La relaxation n'est rien d'autre pour l'essentiel qu'un ordre de « démobilisation ». Fin de l'alerte ! Repos ! Quand cette suggestion s'adresse à un muscle ou à un groupe de muscles ainsi « repérés », elle acquiert une redoutable efficacité. C'est nous qui créons la tension, et c'est nous qui pouvons la supprimer. Ce que nous faisons, nous pouvons le défaire. Il suffit de le vouloir.

3. Exercice pratique

Supposons que vous vous surpreniez au bureau, dans la rue, ou en pleine discussion mouvementée avec votre épouse, les épaules ridiculement remontées, contracturées. Vous n'avez pas le temps d'effectuer un « repérage » en règle. Voici comment vous pouvez procéder.

Premier réflexe : l'humour. Soyez lucide et amical envers vous-même, dites par exemple : « Et alors, mon épaule, qu'est-ce qui te prend à te tétaniser ainsi, où veux-tu aller, tu veux percer le plafond ? » Ensuite vous accentuez volontairement le haussement d'épaules, vous « repérez » la tension au sommet du dos et sur les côtés à la base de la nuque. Vous détendez. Vous ramenez les épaules en arrière, repérez la tension entre les omoplates en direction de la colonne vertébrale. Détendez. Faites discrètement quelques mouvements de circumduction (roulez les épaules d'avant en arrière, et inversement, en un mouvement circulaire).

Détendez. Vous constaterez aussitôt que vous respirez mieux, plus librement, vous sentirez la pointe du stress s'émousser, se dissoudre, un effleurement délicieux vous caressera la poitrine et le dos... vous retrouverez votre humeur équanime.

— Que disions-nous, chérie ? demanderez-vous gracieusement à votre épouse.

— Scélérat ! tu allais me traiter de garce hystérique !

— Pas du tout, pas du tout ! Je te trouve pétulante, un peu vive et spontanée sans doute, mais néanmoins adorable.

Votre femme, les yeux encore exorbités, les cheveux en bataille, vous lance un regard incrédule :

— Qu'est-ce qui t'arrive ?

— Rien, chérie, rien !

Et vous ajouterez *in petto* : « Je viens d'avoir une petite conversation avec mes épaules. »

La relaxation des lèvres

Connaissez-vous plus charmant, plus délicieux que le petit *Risorius* ? Avec son nom désuet, tout droit importé du latin, sans déformation ni ajout, aussi frais qu'aux jours de sa jeunesse, ce petit muscle est en charge des commissures des lèvres. Il a installé de chaque côté des « fentes » supérieures et inférieures, et jusqu'aux angles de la bouche, son éventaire. Il offre le léger tremblement, le subtil tressaillement, l'infime repliement, le sourire à l'instant de naître. Bouches nicettes et mutines, bouches tendres, bouches d'enfants, qui hésitez entre pleurs et sourires, vous êtes filles de *Risorius* !

Quand il convient... *Risorius* passe le relais à l'orbiculaire. Ce dernier est le maître des étirements, de l'occlusion et des ouvertures. Il préside aux moues de mépris, de doute, de dégoût ou d'ennui, il est l'initiateur des sourires et des rires. En résumé... les deux cousins conjugués font le beau temps et la pluie sur nos lèvres.

Les comédiens le savent bien. Nous changeons d'âme avec nos expressions. Chacun de nous au long du temps finit par ressembler à son masque, et le bon et le méchant, le saint à son visage de lumière et Dorian Gray à son portrait. C'est en jouant la sérénité qu'on l'acquiert. Entrons donc par la relaxation des lèvres au pays de la quiétude.

Exercice en cinq mouvements

1. Sourire

Vous esquissez un sourire, à peine un frémissement aux angles de la bouche (merci, *Risorius* !). Vous repérez avec soin la légère tension musculaire, vous détendez.

2. Moue

Vous dessinez de vos gentes lèvres une moue : il y en a de célèbres, celle de Brigitte Bardot, par exemple, dans le film *Et Dieu créa la femme*... Vous vous souvenez... une moue qui signifie l'ennui, le dégoût, et promet le baiser. Faites selon vos talents personnels, à chacun sa moue ! Observez avec *précision* le jeu musculaire (révérence en passant à sa majesté l'orbiculaire...). Détendez.

3. Mépris

Une bouche qui exprime son mépris opère un mouvement très particulier. Vous l'obtenez en étirant la lèvre supérieure, et en abaissant simultanément le menton. Essayez ! Vous réussissez sans difficulté ? Je ne sais si je dois vraiment vous féliciter... Je plaisante. Notez avec soin les tensions. Relaxez.

4. Le son "O"

Vous ébauchez en silence le son « O ». Vous figurez ce que l'on appelle familièrement un « cul-de-poule ». Vous repérez attentivement les tensions. Détendez.

5. Repos

Les quatre premières phases achevées, vous placez vos lèvres en situation de repos. Vous les disposez parallèles, calmes, épanouies, généreuses, posées avec douceur et justesse. Les dents ne se touchent pas. Vérifiez, s'il est besoin, dans une glace.

Recommencez le parcours complet plusieurs fois, en diminuant progressivement l'amplitude et l'intensité jusqu'à dessiner des sourires, des moues, etc., indécelables par vos interlocuteurs les plus curieux et les plus perspicaces. Goûtez le calme étonnant induit par cette relaxation.

Le mérite singulier de la « relaxation des lèvres » est de jouer à la fois sur deux tableaux. La détente musculaire, qui est la règle commune. La relation privilégiée, l'interdépendance entre le jeu infini de nos lèvres et nos pensées, nos sentiments, nos émotions. « *Qui calme sa bouche apaise son cœur.* » Mais cette relaxation a deux autres vertus. La première est son extrême discrétion. Après quelques essais en privé pour vous la rendre familière, vous pouvez l'utiliser en public, n'importe où en famille, au bureau, dans un dialogue difficile. Sous sa forme atténuée, imperceptible, elle est à la fois efficace et indétectable. La seconde vertu est inattendue. Cette relaxation exalte et embellit la bouche. Qui apprécie en réalité les lèvres rentrées ou tortillonnées, les bouches pincées et mesquines ? Qui ne leur préfère les lèvres calmes, pleines, généreuses, les bouches comme des « fleurs espanies » ?

Vous savez ce que dit l'auteur du *Cantique des cantiques* : « Comme un ruban écarlate sont tes lèvres... tes lèvres distillent du nectar, ô fiancée » (4, 3 ; 5, 11).

« Ses lèvres sont des lis, distillant de la myrrhe... tel est mon bien-aimé, filles de Jérusalem » (5, 13, 16).

La relaxation du palming

Le Dr William H. Bates, célèbre ophtalmologiste américain du début du siècle, est l'inventeur de cette relaxation. « Palming », de l'anglais *to palm*, signifie littéralement : « escamoter dans le creux de la main ». Le « palming » désigne un geste précis qui permet d'abriter les yeux, de les mettre au repos derrière les paumes des mains.

Comment pratiquer ?

Superposez les doigts longs des mains et placez-les au milieu du front de façon que les paumes emboîtent le nez et forment une sorte de chambre tiède et noire où les yeux seront parfaitement protégés. Les pouces sont allongés le long de la ligne des tempes. Il est nécessaire de tâtonner avant de trouver la position idéale. Certains de mes élèves un peu fanfarons s'y sont joyeusement cassé le nez !

— Oh, monsieur ! c'est facile ! disaient-ils.

Voire ! Dans les cours de yoga que je donnais aux scolaires, le geste du « palming » est l'un de ceux que certains étourdis n'ont jamais réussi.

Mon lecteur étant, je le suppose, un adolescent attentif, un adulte plein de sagesse, il consentira à faire le petit effort de mise en place qui, après quelques essais, lui garantira à vie des « palmings » bienfaisants et efficaces. Il en tirera d'extraordinaires bénéfices dans sa vie quotidienne où nos yeux sont sans cesse et rudement sollicités.

Le « palming » exige trois conditions :

1. Les coudes assurent une bonne stabilité, un parfait équilibre. Le « palming » se pratique assis à une table, ou, si l'on est couché, appuyé sur deux oreillers.

2. Les paumes forment une sorte de conque. Aucun rai de lumière ne filtre ; les yeux peuvent librement ciller.

3. La respiration par le nez demeure libre et aisée. Les mains ne constituent pas une gêne.

Effets du "palming"

Le premier résultat du « palming » est d'opérer une relaxation musculaire. Nos yeux se trouvent dans une situation exceptionnelle, ils sont complètement à l'abri, absolument protégés. C'est souvent la première fois que cela leur arrive ! Ils peuvent abandonner leur poste de sentinelle, relâcher leur vigilance, et ils se décontractent rapidement. Deux minutes suffisent, cinq minutes c'est mieux, vous pouvez prolonger jusqu'à une heure, si vous voulez vous débarrasser de façon très efficace des migraines frontales, picotements des paupières, strabismes par fatigue (dédoublement des images), vertiges du voyage, fatigues oculaires à la suite d'une utilisation prolongée d'un ordinateur, éblouissements après le choc de lumières trop brutales (éclairs, arc électrique, etc.)

Améliorer le "palming"

Cette première étape du « palming » était plus ou moins connue et pratiquée de façon instinctive depuis toujours. Le Dr Bates a codifié la posture, ce qui en a accru l'efficacité. Mais sa découverte spécifique a été d'adjoindre, à la « relaxation musculaire », la « relaxation mentale ». Nos yeux en effet ont la fâcheuse habitude de ne pas se reposer complètement, même quand ils n'ont rien à voir, même fermés, même pendant le sommeil ! Ils dépendent si étroitement de notre mental, qu'ils continuent de moduler leur position géométrique et musculaire selon les images qui accompagnent nos pensées, nos rêveries, nos rêves. Comment faire pour que ces zélés et braves serviteurs se reposent vraiment ? S'arrêter de penser ? Nul ne le peut. L'activité de notre cerveau ne cesse jamais, et se poursuit dans le sommeil. C'est là qu'intervient la découverte géniale de Bates : si nos yeux doivent absolument travailler, que ce soit dans des conditions tellement confortables et heureuses que cette activité constitue une forme de relaxation. Pour cela il faut créer un climat visuel apaisant. Offrir à nos yeux des images mentales qui ne les contraignent pas à analyser, à chercher, à s'aiguiser, des images aimables et familières. Faire surgir par exemple derrière nos paupières closes un paysage que nous aimons, un château, une rivière, une église, telle crique de sable fin, la mer un soir d'été, une colline..., des images de paix, évoquant des moments heureux. Nos yeux alors, caméléons infinis, accueillent avec confiance, s'abandonnent et se relaxent.

Si par aventure nous n'avons lié amitié avec aucun paysage, aucun château, aucune église..., choisissons une carte postale, un tableau que nous aimons. Regardons-le attentivement et ensuite il suffira de nous le remémorer.

Nos yeux sont agressés par des lumières brutales ou trop contrastées, harcelés par les publicités qui se soucient de leur santé comme d'une guigne, confrontés à des textes imprimés de mauvaise qualité ou microscopiques, tiraillés de-ci, de-là, ici et là, bousculés, affolés.

Quand vous leur offrez, grâce au « palming », un abri dans la grotte tiède de vos paumes, la source fraîche d'images paisibles et aimées, ils sont comme ces enfants perdus dans la foule qui retrouvent soudain leur maman et se jettent dans ses bras, enfin rassurés, en sécurité. Deux minutes de « palming » dans la journée ce n'est rien, juste une halte de sourire, une oasis de tendresse, une chiquenaude de bonheur. Un rien est passé et tout a changé.

Le rire

La croix des inquiets, des angoissés : le stress persistant, chronique est à l'origine de multiples troubles fonctionnels : désordres cardiaques, digestifs (ulcères de l'estomac, du duodénum, colites), insomnies, migraines, emphysème, etc.

La spécificité de ces affections psychosomatiques générées par l'angoisse est de faire entrer le malade dans un cercle maudit. Prenons un exemple : M. B. souffre de colite. Si le médecin consulté est compréhensif, responsable, compétent, il soigne le symptôme et rassure M. B. du même mouvement. Le symptôme disparaît. Pause. Puis un incident, un deuil, un chagrin ou parfois presque rien et M. B. invente, fabrique un nouveau symptôme qui touche le cœur cette fois. Et ainsi indéfiniment. Supposons que M. B. consulte un médecin moins bien formé, moins expérimenté, ou scrupuleux à l'excès qui prescrive des examens parfois pénibles, alors se met en branle une machine infernale. Les examens accroissent l'anxiété, qui aggrave le symptôme, ce qui intensifie l'angoisse, qui augmente la gravité du symptôme... Cercle vicieux. Cauchemar. J'ai connu ainsi un angoissé chronique, qui à cinquante ans avait subi onze opérations inutiles. Le plus souvent, heureusement, les examens rassurent. Jusqu'à la prochaine fois.

Comment sortir les angoissés du cercle maudit des maladies fonctionnelles ? La psychanalyse, les psychothérapies, les techniques comportementales, les médicaments (anxiolytiques, antidépresseurs), le cri primal, la relaxation, le yoga, etc. Toutes ces méthodes sont précieuses, utiles et parfois efficaces. Je propose une méthode simple, naturelle, facile d'accès, que l'on peut employer à loisir chez soi ou en société, et qui pour des raisons psychologiques et neurophysiologiques est d'une remarquable efficacité : le *rire*. La relaxation, la guérison par le *rire*.

Le rire c'est la santé, proclamaient déjà les Anciens. L'humanité sait cela depuis la nuit des temps. Chez les Indiens d'Amérique du Nord, Sioux, Apaches et autres Comanches, existaient des « clowns guérisseurs » dont la fonction était de faire rire périodiquement les autres membres de la tribu afin de chasser les mauvais esprits responsables des maladies. On rencontre des coutumes équivalentes chez la plupart des peuples primitifs. Et les rois avaient leur bouffon ! Mais il s'agit du rire innocent, du rire plaisir, du rire complice, amical, contagieux, chaleureux, heureux. Non du rire dérision, du rire sarcastique, du rire « satanique » où l'emporte la joie de blesser autrui. Le rire de bon aloi, franc, ouvert, le rire plaisir libère les endorphines qui sont notre morphine naturelle. Il permet d'apaiser la douleur, de diminuer les inflammations. Le rire ralentit le rythme cardiaque, fait baisser la tension artérielle, régularise la digestion, favorise le fonctionnement respiratoire, l'activité cérébrale, la disponibilité génitale. Le rire délivre de l'angoisse, qui étouffe, cerne, enserre par son action musculaire et respiratoire. Le rire, parce qu'il rétablit l'équilibre rompu chez les angoissés entre le système sympathique et parasympathique, est une arme radicale contre le stress.

Quand et comment faut-il rire ?

N'importe quand. Toutes les pichenettes de la vie sont une occasion de s'angoisser ou de rire. Choisir le rire. Pour cela il est indispensable de s'accorder le droit au bonheur, le droit au plaisir. Surmonter la pression sociale, la mode qui mythifie les graves, les tristes. Faire fi du respect humain. Appeler à sa rescousse le bon sens, la juste appréciation de nos « malheurs » au quotidien. S'entraîner à saisir l'aspect comique de nos frustrations, de nos échecs même. Cultiver en soi l'humeur ludique. Il faudrait rire aux éclats, rire à gorge déployée, rire aux larmes (si on le peut) au moins six minutes par jour. En 1939 les Français riaient encore dix-neuf minutes par jour, en 1980 seulement six minutes et cela a baissé régulièrement depuis. Le rire orage musculaire et respiratoire doux et bienfaisant dénoue les tensions, les colères. Le rire semé dans nos journées est l'ange gardien de la santé.

Il existe des cas extrêmes, des personnes qui ne « savent » plus rire. Je me souviens d'un monsieur d'une cinquantaine d'années qui ne pouvait émettre que de brefs glapissements, des rires avortés, inefficaces. De longues années de visage fermé, une idée erronée de sa dignité, une tendance à l'autocompassion, qui lui faisaient estimer les « malheurs de sa vie » supérieurs à tous autres, le rendaient incapable de rire vraiment. Il fallut employer les grands moyens.

On essaya successivement les histoires drôles, qui n'arrachèrent à M. C. que des sourires forcés, la compagnie de joyeux lurons, qu'il méprisa. Je passai alors à une véritable thérapie du rire provoqué. Le sujet place ses deux mains sur les cuisses et se penche légèrement en avant. Une inspiration courte de deux ou trois secondes, une pause respiratoire de cinq à dix secondes, et une série d'expirations saccadées et bruyantes. Le rire se déclenche automatiquement au bout de quelques répétitions. Mais il existe d'autres méthodes, citons : la plume d'oie, qui chatouille l'intérieur des narines, ou d'autres chatouilles pour les personnes sensibles à ce procédé. Le jeu du « Je te tiens, tu me tiens par la barbichette », qui devrait être pratiqué en famille plus souvent. Dans les cas particulièrement rebelles, une bouffée de protoxyde d'azote, le gaz hilarant[1].

1. À utiliser sous surveillance médicale.

Angoissés chroniques, anxieux d'occasion, stressés provisoires : Riez ! Riez ! Esclaffez-vous ! Dix fois, vingt fois le jour, chaque fois que vous le pourrez. La santé morale vous sera donnée, et la santé physique vous sera accordée de surcroît.

N.B. À lire, *La Psychosomatique du rire*, Dr Henri Rubinstein, Paris, Éd. Laffont, 1983. Il existe des associations de « gélophiles », amis du rire. À signaler dans la région parisienne des « ateliers de rire et de relaxation » animés par une bio-synergiste et relaxologue.

Relaxation en promenade

La marche est déjà une forme de détente. Balancement rythmé, respiration approfondie et régulière, accueil paisible du spectacle de la rue, ou d'un paysage. Le promeneur qui jette sur les gens et les choses un regard innocent réalise un début de relaxation oculaire et mentale.

Mais les yogis ont imaginé une relaxation adaptée à la marche qui multiplie ses bienfaits intrinsèques. Le nom en sanscrit[1] (langue indo-aryenne) de cette relaxation est *Viloma Pranayama*, ce qui signifie à peu près : respiration par paliers.

La méthode est simple : une inspiration sur deux pas, rétention de souffle sur deux pas, inspiration sur deux pas, etc. Le nombre de ces inspirations fractionnées est libre et se modèle sur la capacité de chacun (la moyenne est de quatre à six inspirations).

---

1. Sanscrit ou sanskrit : langue des brahmanes en Inde.

Une expiration en continu par le nez de préférence conclut cette partie de l'exercice.

Recommencer cinq fois.

Ensuite l'on passe à la seconde partie symétrique : une expiration sur deux pas, rétention de souffle deux pas, expiration deux pas, rétention deux pas, expiration deux pas, etc. Une inspiration profonde clôt la série (par le nez obligatoirement).

Recommencer cinq fois.

Avec des intervalles de repos, c'est-à-dire de respiration normale, *Viloma* peut être renouvelé autant de fois qu'on le désire pendant le cours d'une promenade. La règle d'or, comme toujours en yoga, est de veiller à ce que l'exercice demeure confortable et aisé.

Cet exercice a d'heureux effets physiologiques :

« ... il normalise la tension artérielle, stimule le nerf pneumogastrique ou nerf vague, ce qui met l'eau à la bouche, laisse la peau sèche, ralentit le pouls, amplifie les mouvements péristaltiques de l'intestin, favorise la sécrétion des glandes digestives [1]. » Bref rétablit l'équilibre du système neurovégétatif, qui est déréglé lorsque l'on est stressé.

J'ai la chance d'habiter la campagne, et je pratique souvent *Viloma Pranayama* quand je marche dans les collines de mon village. Un

1. *Pranayama*, André Van Lysebeth, Paris, Flammarion, 1971 (1re édition).

soir de juin doux et lumineux, nous marchions, ma femme et moi, sur la route étroite qui domine la vallée. Nul bruit, si ce n'est la rivière claire des chants d'oiseaux que ponctuait çà et là le coassement rauque et nostalgique d'un crapaud. Doucement je commençais de respirer en *Viloma*, ma femme à côté de moi rêvait. Soudain, dans le silence, une de mes épaules, qui se détendait, craqua : Crac !...

— Tiens, dit ma femme, surprise et amusée, voici la relaxation qui passe.

Relaxation et respiration

Toutes les cultures fondatrices de civilisation ont lié le souffle et la vie. Wotan chez les Germains, Odin scandinave, Thot chez les Égyptiens, Hermès le dieu grec du Vent...

« Le Seigneur Dieu [...] insuffla dans ses narines le souffle de vie, et l'homme devint un être vivant », dit le texte de la Genèse (2, 7). Respirer, c'est exactement vivre, et notre ultime geste en ce monde passera dans un expir. Je songe, écrivant cela, à une vieille amie, que l'on attache tous les soirs à 22 heures à un appareil de soufflage. Sa vie suspendue tout au long de la nuit à chaque inspiration, à chaque expiration. Sa vie seize fois par minute jouée, gagnée, conquise.

En bonne santé, nous respirons sans y penser. La respiration est un réflexe, une fonction automatique. Pourtant nous, humains, seuls de tout le vaste règne animal, avons le pouvoir de passer, si j'ose dire, en commande manuelle. Nous jouissons du double privilège de savoir contrôler notre respiration, et d'en prendre conscience. Cette singularité humaine nous donne pouvoir sur notre vie.

Elle a servi de point d'appui depuis des millénaires à toutes les formes de maîtrise de soi, qui ne s'appelaient pas encore relaxation. Je vous propose de vous faire connaître une méthode de relaxation moderne basée sur la respiration à la fois simple, efficace et subtile. Une technique en or, qui n'exige aucun mouvement particulier, ne change rien au cours de nos journées, et ne demande de loin en loin qu'un peu d'attention.

Profitez d'une attente chez le médecin, chez le dentiste, d'un embouteillage. Vous êtes coincé dans une file de voitures, au lieu de vous énerver, de klaxonner, qui sait, ou de maudire les circonstances, essayez de prêter attention à votre respiration. Ramenez des quatre vents du ciel vos pensées vagabondes, comètes filantes et leurs chevelures d'émotions. Regardez d'un œil lucide, bienveillant, amical votre façon de respirer.

— Alors ma respiration, tu te débats à l'épigastre, tu te tortilles à travers les côtes, tu ne parviens pas à soulever le thorax ! Que tu es drôle et émouvante, je t'aime bien, tu sais. Tiens ! voilà que tu t'accroches à la glotte, et que tu fais battre mon cœur à coups précipités. Je ne te fais pas de reproche, je ne t'ordonne rien. Je te regarde et je te souris.

Et peu à peu, comme un enfant sage qui se sait en sécurité, qui se sait aimé, votre respiration prend son rythme naturel, s'équilibre entre l'inspir et l'expir. Parfois même prolonge l'expir comme font les bébés. Bientôt la rivière du souffle coule en vous, légère et fraîche. Votre respiration est une chanson.

N.B. L'avantage annexe de cette forme de relaxation est qu'elle diminue le besoin de fumer.

À lire, *Respirer conscient*, Annamaria Wadulla, Lausanne, Éd. du Signal, 1980.

La relaxation en voiture

Homo vulgaris, l'homme ordinaire, gambade-t-il joyeux, la belle saison venue, dans les prairies en fleurs, folâtre-t-il avec sa compagne parmi le thym et le serpolet ? Hélas ! Son comportement aberrant fait se dresser sur leurs crânes respectables les cheveux de toute la communauté scientifique ! Le malheureux, j'ose à peine le dire, le malheureux s'enferme dans une sorte de boîte en fer, il s'y attache solidement, et se fait secouer dedans, des heures durant. Parfois l'un de ses congénères – Ah ! « en escrivant ceste parolle, à peu que le cueur ne me fent » [1] –, l'un de ses congénères en képi l'arrête, l'admoneste et lui inflige une punition. Parfois, à bout de résistance, il ouvre une fenêtre minuscule, et respire à grandes goulées avides un air vicié, pollué, qui lui malmène les poumons !

Devant l'horreur de ces faits, j'ai cru de mon devoir de porter aide et assistance à une espèce pitoyable, calamiteuse et menacée. Puisque cet animal étrange tient absolument

---

1. François VILLON (XVe siècle), *Le Grand Testament*.

à s'enchaîner dans une cage en fer, une bonne partie de sa vie, que rien ne peut l'en détourner, j'ai résolu de lui enseigner deux ou trois remèdes en mesure d'atténuer un peu ses souffrances.

Comment se relaxer en voiture ?

1. Adopter une posture confortable

Que l'animal ne s'installe pas sur la pointe aiguë de son derrière, comme son frère le chimpanzé, qu'il cherche sottement à imiter, et dont il n'a malheureusement ni la force, ni la souplesse, ni la grâce. Qu'il répartisse équitablement le poids de son corps sur ses deux coussinets. Qu'il allonge ses membres inférieurs, une attitude recroquevillée est fortement déconseillée. Les membres supérieurs doivent être légèrement fléchis et former un angle de 150 degrés, à peu de chose près. Les pattes légères et fermes sont posées et non agrippées convulsivement sur le volant. La gorge, le thorax, le ventre offerts à la respiration ne doivent pas être comprimés.

2. Conduite

L'animal encagé est nerveux, cela se comprend. Des scientifiques ont compté ses pulsations, qui, de 70 à la minute, pouls normal, sautent à 120, 150, voire 200 à chaque feu rouge, à chaque incident de la route. Ces continuelles distorsions sont préjudiciables à son équilibre, à sa santé.

Pour pallier ces inconvénients et réguler son émotivité, je conseille cet exercice :

Inspirer sur quatre temps, bloquer poumons pleins sur quatre temps, expirer sur quatre temps, bloquer poumons vides sur quatre temps.

Le *Pranayama* carré a l'avantage d'être à la fois tonique et apaisant, et ne présente aucun risque de suroxygénation. Poursuivre l'exercice quelques minutes, puis se reposer en respiration normale. Chacun adapte à sa guise. Cela va sans dire, mais va mieux en le disant, surtout quand on s'adresse à un animal singulièrement balourd et coquefredouille[1].

3. Halte

Quand le malheureux a l'occasion de s'arrêter, s'il ne peut quitter son habitacle, qu'il repose les muscles de la nuque et du trapèze sur l'appui-tête et le dossier. Si l'opportunité se présente, qu'il sorte rapidement de sa cage, qu'il s'étire, sautille, fasse quelques pas. L'idéal serait qu'il se couche sur le bas-côté à plat dos et les bras en croix. Hélas ! sur les trottoirs d'une grande ville, cet exercice est difficile, ses congénères, l'espèce est féroce, lui marcheraient dessus sans pitié.

---

1. Vieux mot français qui signifie : dépourvu de sens commun.

Que dire de plus ? J'ai fait de mon mieux. L'avouerai-je, à l'instar de Karl Lorenz qui ne jurait que par ses oies, ou du professeur Rémy Chauvin qui, depuis quarante ans, cajole ses fourmis, je me suis attaché à ce bizarre animal. Aussi je l'en supplie, qu'il renonce à sa cage en fer ! Qu'il fasse du vélo, ou du bateau, qu'il marche à pied, qu'il coure, qu'il surfe s'il le faut, mais pas ça...

— Chéri, tu viens, nous n'attendons plus que toi !

Excusez-moi, je dois vous quitter, mon épouse et moi partons justement en vacances dans les Pyrénées, 800 kilomètres d'affilée... en voiture !

Se relaxer... debout !

Il était une fois, vers les années 1900, une jeune fille très pauvre et très sage qui attendait l'autobus. Ce soir-là il pleuvait. Son manteau élimé ruisselait, ses cheveux blonds collaient à ses tempes, et ses doux yeux gris étaient résignés. Vendeuse au rayon des soieries au grand magasin du Bon Marché, elle était debout depuis l'aube. La pauvrette était épuisée. Passe par là un vieux mendiant qui lui demande la charité. Elle lui tend spontanément quelques piécettes, tout ce qui restait dans son porte-monnaie.

— Je vois que votre cœur est bon, dit alors le mendiant, aussi en récompense je vais vous confier un secret !

Il lui glisse quelques mots à l'oreille chuchote encore un moment, puis disparaît. Depuis cette rencontre, la jeune fille très pauvre et très sage n'était plus aussi fatiguée. Et quand elle attendait l'autobus ses beaux yeux gris souriaient. On m'a rapporté qu'un soir de pluie un jeune homme riche et aimable lui offrit l'abri de son parapluie. Ils se plurent, ils se marièrent. Ils eurent beaucoup d'enfants, et ils vécurent heureux longtemps, longtemps...

Vous ne croyez pas aux contes de fées ? Pourtant ce secret je le connais, il vient du fond des âges, et peut vous apporter le bonheur. Une chiquenaude infime incline parfois en mal ou en bien le fléau instable de notre destin. Ce secret, le voici : on peut se reposer en faisant la queue à la Sécurité sociale, à la caisse du supermarché, dans le métro, en attendant l'autobus, n'importe où. On peut se reposer, parce que l'on peut se relaxer *debout* !

Exercice

Le nom sanscrit de cet exercice est *Samashtiti*. Ce qui signifie littéralement : se tenir debout de façon égale.

1. Posture

Debout, les pieds parallèles distants de 20 centimètres environ (un peu plus, un peu moins selon votre taille), vous vous tenez droit. Imaginez qu'avec le sommet du crâne vous essayez de toucher le ciel ou le plafond. Redressez encore le dos, décontractez les épaules, laissez les bras pendre mollement le long du corps, les mains sans force. Pour vérifier la relaxation des mains, j'ai l'habitude de saisir au hasard par l'index la main de l'un de mes élèves en *Samashtiti*, je soulève la main délicatement et la laisse retomber. La main doit s'affaisser contre la hanche comme un objet inerte, sans force aucune.

Maintenant vous organisez votre équilibre autour du « Hara ».

Ce terme est d'origine japonaise mais la notion est commune à toutes les philosophies orientales. Le « Hara » est considéré comme le centre de l'énergie vitale. Plus simplement, il correspond à notre centre de gravité. Il est situé dans le ventre, quatre doigts en largeur au-dessous du nombril. Prenez conscience de ce point du « Hara ». Imaginez que vous êtes un arbre, le torse et la tête sont les hautes branches et le feuillage, les jambes sont les racines, le « Hara » est le tronc, le cœur du chêne. L'image est approximative mais elle peut conforter votre équilibre, ce qui est l'essentiel. Vérifiez une dernière fois la posture, droit, les épaules bien décontractées, la tête légère, le menton parallèle au sol, la poitrine et le ventre bien dégagés offerts à la libre respiration. Respirez régulièrement, calmement, profondément en affectant un temps égal à l'inspir et à l'expir.

2. Mental

Votre attitude est celle de l'équilibre, de la confiance en soi. Vous alliez la solidité et la disponibilité. Pour conforter cette sensation vous répétez mentalement :

Je suis :
debout sans effort
redressé sans orgueil
vigilant sans crainte
attentif à tout sans avidité
disponible sans lâcheté
ferme et relaxé[1].

Alors se dissolvent les tensions inutiles, vous vous relaxez debout. Pensez-y quand vous serez en train de râler, de vous énerver un jour de soldes aux magasins Farfouille. Construisez-vous autour du « Hara », obstinément. Vous serez bousculé, désuni, emporté par la foule, retrouvez avec entêtement une attitude de moindre tension et d'équilibre : « juste une attitude, mais l'attitude juste », c'est la vieille antienne de la sagesse millénaire du yoga. Songez, si vous voulez, à la « jeune fille aux yeux gris » quand vous attendrez l'autobus un jour de pluie. Il y a des vérités cachées dans les contes. Le bonheur n'est pas uniquement dans le pré, il est dans la rue, au bureau, partout autour de vous. Il suffit de presque rien pour le cueillir et le garder : un cœur attentif, une âme paisible et un corps relaxé.

---

1. D'après *Le Yoga, premiers pas*, Bernard Bouanchaud et René Racapé, Paris, Solar, 1977.

La relaxation du geste

J'ai hésité avant d'intituler ce chapitre, et la dénomination choisie « Relaxation du geste » peut être contestée. Mais comment qualifier une relaxation originale, qui n'interrompt pas l'activité, ne la freine pas, et tout au contraire la facilite et l'optimise ? Certains auteurs l'appellent la « relaxation active ». Cette expression est ambiguë et présente une contradiction dans les termes : relaxation et actif. Bref comme cette relaxation accompagne nos gestes, les nourrit et les transforme, j'ai opté pour « Relaxation du geste ».

Un exemple, dit le proverbe, vaut mieux qu'un long discours et un zeste d'humour agrémente des propos un peu abscons. Essayons donc l'un et l'autre. Imaginons que vous levez en ce moment votre flûte de champagne et vous apprêtez à prononcer un speech de circonstance... Stop ! Suspendez votre geste en son envol et jetez un regard amical et néanmoins critique sur vous-même ! Pourquoi contracter aussi énergiquement votre petit et grand palmaire, le rond pronateur, et le biceps brachial ? Vous soulevez un verre de champagne, pas des haltères ! Ne trouvez-vous pas comique, et disons-le un peu stupide, cet effort disproportionné ? Une telle mobilisation musculaire pour les 120 grammes de votre flûte de champagne ! Mais il y a pire, examinez-vous d'un peu plus près. Vous notez les mâchoires serrées, les sourcils froncés, le front creusé d'une ride verticale ? Tenez, je parie que vous contractez votre diaphragme, le muscle le plus puissant et donc le plus dépensier en adénosine triphosphorique (ATD) ! Quel gâchis ! Si je regardais sous la table je surprendrais la crispation de l'« extenseur propre » des gros orteils, et si j'étais indiscret je vous demanderais en quel état se trouve votre muscle relevateur de l'anus ! Relaxé ? Vraiment ?

Je ne vous crois pas. La réalité est que la majorité d'entre nous commettons des gaspillages insensés d'énergie musculaire. Nous gérons mal notre potentiel énergétique, et nous nous plaignons ensuite d'être fatigués ! Pis, cette mobilisation aveuglé et désordonnée nous rend moins efficaces, et brouille notre gestuelle ordinaire de parasitages incongrus.

En août 1995, j'assistai par hasard en direct à l'extraordinaire exploit du champion écossais Jonathan Edwards. Je ne suis pas un spécialiste du triple saut, et j'étais dans les conditions d'un spectateur innocent et profane. Pourtant, en voyant J. Edwards s'élancer sur les 40 mètres qui précèdent la planche d'appel, je fus saisi par la grâce exceptionnelle de sa foulée, la précision et l'économie de ses gestes. À la planche d'appel, il s'envola, un pied, puis l'autre effleurant à peine le sable du sautoir, et la réception, le corps projeté en avant bras tendus, fut parfaite. Ce jour-là, J. Edwards franchit pour la première fois la barrière mythique du triple saut, les 18 mètres : 18.16 mètres exactement. Dix minutes plus tard il tentait un nouvel essai. Même impression de souplesse et de force, un exemple idéal de relaxation combinée au maximum d'effort.

— 18 mètres 29, annonça le commentateur sportif au bord du délire. Le record du monde battu pour la deuxième fois !

Et il ajouta, un ton plus bas, cette réflexion qui me frappa :

— Comme cela a l'air facile, quand c'est un champion qui le fait !

Les étoiles de la danse, les athlètes, les grands champions allient ainsi l'apparente facilité à l'excellence. Ce miracle du geste réussi à la fois intense et relaxé tient à trois raisons essentielles :

— l'exact ajustement entre l'effort proposé et la mobilisation musculaire ;

— la disparition, l'élimination de toutes les tensions superflues et parasitaires ;

— et enfin une disposition intérieure dont je n'ai pas encore parlé, une attitude mentale de détachement, de non-compétition, je dirais presque, si le mot ne prêtait à confusion, d'insouciance, de « désinvolture ».

« Exécutez vos “asanas” avec le maximum de vigilance, de précision, disait mon maître de yoga, comme si votre vie même en dépendait, et ne vous souciez pas du résultat. »

Cette relaxation du mental achève et porte à son maximum de perfection la relaxation de nos gestes.

En guise de conclusion ou de postface, cette déclaration de Jonathan Edwards entendue au cours d'une interview : « Oui, j'ai mis tout mon cœur, toutes mes forces dans la préparation de ces championnats du monde, mais ce n'est que du sport, et l'essentiel dans ma vie est ma foi en Dieu. Je suis chrétien méthodiste », précisa-t-il.

Et je songeais, en écoutant ce jeune champion, qu'il renouait par des chemins inconnus avec la grande Sagesse millénaire, qui savait que l'ultime perfection du geste comme on le voit dans les arts martiaux, la plénitude humaine, ne s'obtient que par le détachement au-delà la petite joie frelatée de l'orgueil immédiat.

« Sois sage ô Rhegava, sois dans la vie comme en te jouant ô Rhegava, ardent à l'extérieur, mais *point brûlé* à l'intérieur. » Ainsi parlait la Bhagavad-Gitâ.

La relaxation secrète

« Cet exercice, tel un joyau précieux, doit demeurer secret. »

Ainsi les grands Rishis[1] parlaient-ils de *Shanti-mudra* (le geste de la paix). Mon intention n'est pas d'initier le pratiquant néophyte aux complexités du *Pranayama* et à *Shanti-mudra*[2]. Mais pour avoir souvent eu recours personnellement à *Shanti* (prononcer « chânn... ti » en allongeant le son chânn...), j'en connais les bienfaits. Je n'ai pas eu le cœur d'en priver mes lecteurs et de ne pas le citer parmi les formes de relaxation privilégiée. J'en présente donc une formule très simplifiée, qui fera peut-être hurler les initiés. Pourtant j'ai gardé de *shanti* la substantifique moelle, le nu essentiel, et tel quel il reste une oasis de grâce et de paix. Un dernier mot : cette relaxation est dite « secrète » parce qu'elle ne peut renier tout à fait ses origines, parce qu'il est conseillé de ne

---

1. Rishis : maîtres spirituels.
2. Cf. *Pranayama* de Van Lysebeth, Flammarion.

l'utiliser qu'en privé et de n'en point parler. Elle touche à l'intime de l'être.

Exercice

1. S'installer dans un endroit isolé

(Il m'est arrivé de ne pouvoir disposer d'un seul instant de solitude et de me réfugier deux minutes dans les toilettes pour exécuter *Shanti*.) Prendre une posture de stabilité classique[1] ou assis sur une chaise basse, l'essentiel est de garder le dos bien droit.

2. Le "geste de la paix"

1er temps

Pointez les deux mains en direction de l'abdomen (paumes à l'intérieur). Voir p. 70.

Expirez en essayant de contracter le muscle relevateur de l'anus (*Mula Bandha*).

2e temps

A. Relâchez doucement le muscle relevateur de l'anus (vous dénouez *Mula Bandha*). Inspirez en laissant bomber légèrement le ventre.

---

1. Assis sur les talons ou en lotus, cf. figure, p. 70.

Les mains s'élèvent en même temps que le souffle.

Les doigts sont toujours pointés vers le bas.

B. Le souffle atteint le plexus... Placez les doigts à l'horizontale, les mains se font face. Écartez largement l'accordéon des côtes, les mains montent régulièrement.

C. Le souffle atteint la zone claviculaire...

Vous surélevez le thorax...

Les mains continuent leur ascension en un mouvement lent, régulier, harmonieux ; elles passent devant la gorge et le visage.

D. Votre inspiration est achevée, vous bloquez le souffle. Les mains s'écartent, coudes légèrement repliés vous les élevez souplement au-dessus de la tête.

Les mains s'immobilisent enfin, paumes tournées vers le ciel.

Le visage renversé, les yeux fermés en direction d'un soleil réel ou imaginaire... vous prononcez mentalement le mot « paix » ou « chânn... ti, ti » si vous le préférez.

Arrêtons-nous sur cet instant capital. Les mains et le visage regardent vers le ciel. Le mot « paix » (*shan-ti*) envahit votre conscience. Le souffle est suspendu (ne pas excéder vingt secondes chez les débutants). *Alors* une transmutation s'opère, qui vous affranchit de vos regards habitués, touche votre « Je essentiel ». Le corps se fait prière, le corps se fait offrande, chanson accordée à la mélodie continue de l'univers.

« La poésie la plus élevée essaie de balbutier ces choses... », écrit Valéry, mais comment les articuler ? Comment décrire cet état où nous nous sentons en harmonie avec le cosmos, fragile étincelle cousine des étoiles ? Il y a dans cet état une occasion, une capacité d'Absolu. Chrétien j'y cherche mon Dieu. Mais *Shantimudra* ne s'attache à aucune religion, à aucune croyance, il n'impose aucune spiritualité. Il ouvre le cœur sur l'infini et chacun y met ce qui lui plaît. Pour certains d'ailleurs ce n'est qu'un geste de sérénité. Chez tous survient l'apaisement physiologique et mental, la relaxation.

E. Vous expirez en reprenant le même parcours en sens inverse. Le thorax s'abaisse, les côtes se rejoignent, le ventre se creuse. Les mains accompagnent.

Conseils

Cet exercice peut et doit être recommencé plusieurs fois, cinq au minimum. Cependant les débutants ont besoin de se ménager des temps de pause entre chaque exécution. Ici comme ailleurs le mieux est l'ennemi sournois du bien.

Ne pas prolonger le temps de rétention (10 à 20 secondes) au début. Ensuite procéder avec sagesse et selon ses capacités.

Cet exercice est déconseillé à ceux qui souffrent de maladies respiratoires ou de troubles cardiaques. Consulter un médecin si l'on veut à tout prix l'effectuer.

Le geste des mains est important. Il symbolise l'offrande, la communion, l'amour.

Cette relaxation est une des plus belles qui soient. Son apport tient au mystère. D'ailleurs, comme le dit la tradition, après *Shantimudra* (même simplifié...) toutes les paroles sont vaines. Aussi pour une fois le malicieux, qui en moi jamais tout à fait ne sommeille, a le bec cloué.

L'image du corps

Mon corps est mon pays

Le connaître, veiller sur lui, l'aimer sous tous ses aspects est une tâche évidente, inscrite à mon rollet. Mais il est des tâches que l'on néglige, des évidences que l'on refuse, ou que l'on oublie.

Je demeure dans un petit village. Le matin je fais le tour de mon jardin et parfois des champs du Pâtis. Ensuite le café, l'épicerie, la grande rue ; je salue au passage l'église du XIIe et son clocher carré. L'après-midi, je grimpe sur la colline, je marche tout du long de l'Ormeau Morrisson, la route étroite qui domine la vallée et les chemins de vigne. Je ne vais presque jamais me promener dans la vallée de la Meaulne. Hasard... Je m'en désintéresse, je l'oublie. Heureusement, d'autres la protègent et l'aiment.

Mais au pays de mon corps ! Si je néglige mes reins ou mes hanches, si je les efface plus ou moins de ma conscience, ils vont se déliter, ou entrer en dissidence. Mon corps est un tout qui ne peut vivre que dans l'harmonie de toutes ses parties. Une amusante comédie de Ménandre, l'auteur grec que jadis tous les lycéens connaissaient, raconte l'histoire d'une bataille entre les membres et l'estomac. La conclusion était claire : les bras et les jambes ne pouvaient subsister sans l'estomac et *vice versa*. Il est indispensable que j'aie une image mentale stable et apaisée de mon corps, une image unifiée. Cela nécessite un long apprentissage. À six mois l'enfant démêle mal son propre corps de son environnement immédiat. À trois ans il se dessine encore comme un objet rond sans bras ni jambes. À six ans enfin il se représente en entier, il habite le pays de son corps. Mais c'est un pays changeant. Le corps grandit, s'épanouit, mûrit, vieillit. Il se modèle suivant les événements, les rencontres, les heurs et les malheurs, il se transforme tout le long des âges de la vie. Garder une image stable et harmonieuse de son corps est une tâche qui ne cesse jamais.

En exil au pays de mon corps

Souvent nous sommes des exilés dans notre propre pays. Nous avons de nous-même, vous, moi, une idée boiteuse, déformée. Nous éclairons *a giorno* le visage, la poitrine ou les mains, et laissons dans l'ombre de notre mental le dos, la nuque, les reins. Nous ne sommes parfois qu'une bouche, un nez, des cheveux, un sexe... Absents de la plus grande partie de notre corps, nous poussons l'aberration jusqu'à refuser, nier le droit à l'existence à des dents mal plantées, un ventre mou ou trop gros, un orteil mal gracieux...

« Ce pied-là ? Je ne le connais pas, moi ! »

Folie. Il faut assumer notre corps, le reconnaître pour patrie, collines et vallées, défauts et grâces. Si je renie mon corps, je me perds avec lui, et mon âme aussi. Comment faire pour habiter vraiment notre corps, cesser d'y vivre comme un étranger ? La réponse est simple à énoncer, longue et difficile parfois à mettre en œuvre. Mais il n'y a pas d'autre chemin pour accéder à l'harmonie et à la paix. Connaître son corps, dialoguer avec lui, nouer des relations d'amitié, s'intégrer au pays de son corps est la base de toute relaxation.

Connaître son corps

« Une once de pratique vaut mieux que des tonnes de théorie », dit le proverbe chinois. Écoutons-le. Pour connaître son corps il faut le regarder, le voir de l'extérieur, comme un acteur à qui l'on cesserait de s'identifier. Devenir un spectateur dans la salle, un témoin, un observateur. Dans le courant de vos activités journalières, vous vous arrêtez brusquement : stop ! Vous étiez en train de traverser à grands pas votre salon. Stop ! Ne bougez plus ! Regardez-vous ! Un pied en l'air, la tête curieusement penchée : « Tiens ! j'ai la mâchoire crispée, les sourcils froncés, et ce bras qui s'échappe, et ces épaules remontées ? Pourquoi ? » Faites le tour de votre corps, examinez-le avec lucidité et bienveillance. Souriez de tous ces mouvements inutiles ou incongrus, de ces tensions parasitaires.

— Ah mon corps, je te malmenais sottement. Je te connaissais mal !

Recommencez plusieurs fois cet exercice au cours de la journée. Il est plus efficace qu'il n'y paraît. Il vous réserve des surprises.

Dialoguer

Le dialogue c'est la formule à la mode, la tarte à la crème de tous les apprivoisements syndicaux, éducatifs, sociaux. À juste titre. Le dialogue est la plus adroite façon d'ajuster nos comportements à autrui, nos adversaires et nos amis. Avons-nous un compagnon, un ami plus proche que notre corps ?

Passez outre à la crainte du ridicule, parlez à votre corps ! Parlez à votre hanche, à votre épaule, à votre estomac...

— Il était temps que tu m'interroges ! Je suis las des pâtisseries et autres chocolats que tu enfournes dans ta bouche, pour réjouir madame la langue et flatter ses filles les papilles... Pense un peu à moi ! Je suis à bout de suc gastrique !

Dialogue, discussion, compromis. Paix, équilibre. Une mâchoire soudée se détend et sourit quand vous lui parlez. Un geste erratique et machinal, un tremblement s'apaise quand on le réintègre par le langage dans le concert, le jeu du corps tout entier. Ne me croyez pas sur parole. Essayez, vous serez étonné du résultat.

Aimer

L'amour, l'amitié font des miracles. Aimer : notre façon privilégiée d'exister. Notre corps a besoin de notre amour lucide, ferme et bienveillant à la fois. D'un amour intelligent sans parti pris, sans différences, d'un amour qui l'englobe tout entier. Nous n'aimons que des morceaux de nous-même presque détachés comme des pièces de boucherie : un sein, les fesses, un biceps ! Nous aimons volontiers ce qui nous flatte ou qui nous procure du plaisir, détestons ce qui nous dévalue ou nous fait souffrir, et restons indifférents pour tout le reste. Injustice, désordre. Danger. Il faut adopter vis-à-vis de nous-même l'attitude d'un éducateur idéal, d'une mère chaleureuse et attentive. « Chacun en a sa part et tous l'ont tout entier », disait Victor Hugo.

Vivre dans un corps réconcilié, c'est habiter son pays, rentrer chez soi.

« Le feu du ciel par le corps de la terre », dit l'aphorisme yogi. Notre corps est la pierre d'angle de nôtre âme, la racine du ciel. Il n'est pas une machine à notre service, une « guenille », mais un être vivant, digne de respect. Une certaine tradition judéo-chrétienne nous a peu préparés à adopter une attitude juste, équilibrée vis-à-vis de notre corps. Il fut souvent méprisé au cours des siècles passés. En réaction, aujourd'hui nous l'idolâtrons. Excès, qui sont les plus sûrs ennemis de notre harmonie, de notre paix. Pourtant les plus hautes cultures, les grandes religions, la chrétienne comprise, la science même nous l'enseignent : il faut tout simplement « habiter » notre corps comme on habite un pays. Le corps est notre première patrie.

Vivre le présent

« Attention ! Attention ! Soyez présent ! » chantait l'oiseau de l'île heureuse, dont parle Aldous Huxley. L'attention posée sur la seconde fugace, le moment qui passe juste *maintenant* est le secret de cette relaxation. Non pas une attention crispée, mais souple, à la fois déterminée et sereine. Il suffit de se regarder dérouler les gestes du quotidien : se lever, s'asseoir, marcher, courir, prendre un livre... et le jeu du poignet et des doigts.

« L'âge, écrit Paul Valéry dans ses *Cahiers*, l'âge donne valeur infinie à la goutte de l'instant. » Cette phrase est datée de 1933. Le poète a soixante-deux ans, il lui reste treize années à vivre. Et vous ? Combien de temps pour jouir de la précieuse vie humaine », goûter le présent ?

Saisir l'Infini dans la paume de sa main
Et l'éternité dans l'heure qui passe.

William BLAKE

« Chaque instant est absolu, vivant et doué de signification, écrit le maître zen

D. T. Suzuki. La grenouille saute, le criquet chante, une goutte de rosée brille sur la feuille de lotus. »

— Où allons-nous ? demande le disciple.

— Nous y sommes, répond le Sage. Le but de la vie, du voyage, l'éternité sont enclos tout entiers dans ce pas que nous faisons *maintenant*.

Cette « relaxation méditation » invite à modifier notre attitude mentale, notre regard sur le monde et le temps. Nous sommes comme des toupies ivres tournant sur nous-mêmes éperdument, ou si vous préférez une autre métaphore, nous courons affolés tels des lièvres qui entendent à leurs oreilles siffler le plomb des chasseurs. Et si nous faisions halte ? Il faut accepter juste un moment de contempler un brin d'herbe... humer la rosée de l'instant. Accepter que ce qui est soit, toucher du bout de notre âme la mystérieuse éternité du présent.

Mon propos semble obscur, relève de l'insaisissable poésie. Mais comment exprimer l'indicible ? Un discours trop clair serait un faux-semblant. Je parle d'une réalité qui ne se connaît qu'en la vivant. Essayez ! Le résultat est étonnant. Une onde bienfaisante naît au creux du plexus. On goûte une paix inconnue. Cette sensation est précaire, bientôt dissipée. Mais elle permet de se relaxer. Elle ensoleille la journée.

Exercice

Je propose à titre indicatif un exercice. Ce n'est qu'un point de repère. On peut l'utiliser comme préparation mentale. Ensuite la « sensation du présent » est accessible plus aisément.

Prenez une posture de stabilité : *Virâsana, Siddhâsana,* ou *lotus* pour les familiers du yoga. Sinon asseyez-vous sur une chaise basse, les pieds posés bien à plat sur le sol ; les jambes formant un angle droit. Maintenez la colonne vertébrale aussi droite que possible (ne pas s'appuyer au dossier), la tête est en équilibre exact sur les épaules, comme une fleur sur sa tige. Les mains posées à plat sur les cuisses à la façon des statues égyptiennes. L'important est que la position adoptée permette une respiration libre et complète. Maintenant fermez les yeux, respirez calmement, régulièrement. Décontractez les épaules, tenez-vous stable et détendu. Pensez : « Je suis la *vie,* par les milliards de cellules de mon corps, je participe à la vie de l'univers. Je suis une étincelle de la *vie* juchée à la pointe exacte du temps, à cet instant du présent. Je ne me retourne pas sur le passé, je ne me projette pas dans l'avenir, je suis là *maintenant.* Je suis là, je respire, je donne et je prends, une feuille parmi les feuilles d'un même arbre immense. Émerveillez-vous de cette communion avec la vie. Vous êtes ici et maintenant la forme précieuse qu'elle prend. » Laissez votre cœur s'élargir, aimer, aimer sans mesure, infiniment.

Ouvrez les yeux. Ébrouez-vous, souriez, et reprenez sans vous hâter vos occupations.

Récurer la mare

« Récurer la mare », cette expression imagée vient de l'Inde. Elle désigne un exercice de purgation mentale qui doit aider le disciple, moine ou Sage à se débarrasser de ses *Vasanas* et *Samskaras*, les désirs, frustrations, émotions refoulées, tous les serpents lovés, les grouillements un peu trop gênants de l'inconscient et lui permettre d'accéder avec un mental apaisé à la prière et à la méditation.

Cet exercice de décrassage mental adapté et modulé peut être utilisé pour effectuer une relaxation originale et bienfaisante. Il ne s'agit pas ici d'empiéter sur le terrain protégé et balisé de la psychanalyse. Les yogis proposent une recette « empirique », son mérite est d'avoir fait ses preuves au long des siècles, et de ne présenter aucun danger.

Exercice

Nos anciens se purgeaient rituellement à l'automne et au printemps (j'ai personnellement de fâcheux souvenirs d'absorption d'huile de ricin, et souvenez-vous de Molière...). Les yogis se proposent de la même façon de purger l'âme. Médecine primitive qui a des vertus que nous avons oubliées. Je ne suis guère partisan des purges corporelles, peut-être ai-je tort ? Je ne suis pas assez compétent pour en juger. Mais je sais que la purgation de la psyché, de l'âme si vous voulez, est un exercice précieux, j'ai pu vérifier sa légitimité.

Depuis quelque temps vous êtes cafardeux, agressif, vous supportez plus mal les aléas de l'existence. Vous avez besoin d'un décrassage moral. Votre « mare » doit être « récurée ». Vous allez nettoyer votre esprit de sa vase, des détritus, feuilles tombées, humus, branches cassées. Au travail !

1. Remuer la vase

Laissez vos émotions, vos pensées les moins acceptables remonter à la surface. Ne faites pas de choix, laissez tout venir : « Je vieillis, je suis laid, je hais mon chien, mon voisin, ma femme... que sais-je ? » Laissez monter, laissez venir, sans intervenir, sans juger... « Je me suis conduit ici et là comme un salaud, comme un lâche. » Ne jugez pas, laissez monter la vase à la surface. Vous commencez de vous sentir mal à l'aise, la puanteur vous submerge... Ah ! c'est que vous aviez besoin d'un sérieux décrassage !

2. Courir à l'abri

Il ne s'agit pas de suffoquer, si la pestilence est trop forte, courez vous mettre moralement à l'abri. Les yogis ont répertorié en chacun de nous un refuge. Vous avez le vôtre, il faut le trouver. La tradition byzantine du désert, les maîtres soufis (musulmans) ont utilisé cette technique dite du « havre sûr ». Voici comment vous procédez : vous imaginez que votre conscience est un point lumineux, et vous laissez divaguer ce point en vous jusqu'à ce que vous vous sentiez absolument protégé, à l'abri. (Souvent cet abri est situé à l'intérieur de votre poitrine, mais il peut être dans le ventre, etc.) Une fois installé dans votre refuge, vous mettez le nez à la fenêtre, et vous regardez passer toutes ces fumées malodorantes et traumatisantes qui montent de la vase remuée. Laissez-les venir, laissez-les partir, laissez-les se dissiper dans l'atmosphère...

3. La reconquête

Maintenant placez-vous en imagination face à la mare. Vous entreprenez la reconquête. Observez ce remuement de choses répugnantes qui vous faisaient si peur. Marchez sus aux pestilences, sus aux fantômes. Vous les verrez s'enfuir, se désintégrer, disparaître au vent léger. Enhardissez-vous jusqu'à toucher de la main ce tas visqueux d'idées refoulées, ce n'était qu'un amas de feuilles pourries agglutinées sur un morceau de branche cassée. Regardez, et soyez en paix. Renouez amitié avec votre mare intérieure. Se connaître, s'accepter dans la clarté, et s'aimer tel que l'on est. La relaxation mentale est au bout de ce chemin-là.

La prière est une relaxation

« La prière est une relaxation ! » Cette affirmation stupéfiante me fut assenée, il y a bien des années, dans le temple même, le saint des saints de la pensée farouche et laïque. Mes camarades de cette grande École tout éberlués se regardaient et chuchotaient entre eux : « Notre professeur est-il devenu fou ? » Celui-ci, un Gersois dont la voix sonore faisait rouler et chanter les cailloux de sa rivière natale, continuait, imperturbable :

— Prier, c'est faire confiance, s'abandonner, se remettre tout entier entre les mains d'un Dieu, d'une Puissance que l'on imagine favorable.

Le Seigneur est mon berger.
Je ne manque de rien.
Sur de frais ombrages il me fait reposer,
il me mène près des eaux paisibles.

(Psaume XXIII)

« Prier comme ici dans la Bible, ou en quelque langue, quelque religion que ce soit, nous délivre de nos tensions, de nos peurs, c'est un exercice éminemment salutaire de relaxation. Je vous invite donc tous à prier, et si vous ne le pouvez en aucune religion connue, je vous recommande la prière laïque[1] !

Des rires discrets fusèrent, nous crûmes à une boutade, et l'on passa à d'autres sujets.

Il y a bien longtemps que la voix éclatante de mon vieux maître s'est évanouie aux brouillards de l'éternité. Mais devenu vieux à mon tour et moins fol ou plus sage, je sais maintenant qu'il avait raison. La prière est une relaxation, et cela pour trois motifs cartésiens et un quatrième encore plus convaincant, bien que peut-être moins intelligible.

Comme j'ai l'intention de prouver mes dires avec le sourire, et par A plus B, j'ordonnerai mes arguments selon l'alphabet : A, B, C, j'ajouterai un « ε » grec, l'epsilon, le si petit, l'indicible, qui à lui seul pourtant l'emporterait si nos cœurs voulaient « écouter ».

A. La prière nous équilibre

L'attitude de prière n'est pas celle que l'on croit : recroquevillée, ratatinée, à genoux, prosternée, lâche, mendigoteuse, ravilie, humi-

1. Pour ceux qui ne croient pas en Dieu, l'émerveillement devant la beauté du monde, la foi dans le destin de l'homme, le sentiment d'appartenir à l'univers, la compassion, l'amour partagé, la vie acceptée, l'interrogation du silence... sont des formes de prière laïque.

liée... Je plaisante, plaisanté-je... et Nietzsche et Vigny et beaucoup croient à ces fadaises, se laissent berner par des superficialités, de captieuses apparences. En réalité la prière ne nous abaisse pas, elle nous grandit, elle nous redresse, nous soulève hors de nous-même, elle fait de nous la mer au plus haut de sa vague, la colline, la montagne quand la terre se hausse jusqu'au ciel. Du *Muladhara-chakra* à la pointe du sacrum, notre racine, jusqu'au *Brahmachakra* au sommet du crâne, qui ouvre sur l'infini, du lotus aux quatre pétales rouges, au lotus blanc aux mille pétales, notre corps s'organise avec l'âme, notre vie prend sens quand nous nous tournons vers la transcendance. Prier accorde ensemble les muscles et le cœur et l'esprit. Chaque pièce de nous, chaque instrument trouve sa juste place, comme un orchestre, avant de jouer, harmonise violons, altos, et basses. Prier remet l'homme d'aplomb et le ciel en sa place. Cette mise en équilibre nous facilite la relaxation.

B. Prier, c'est respirer avec Dieu

Si l'on y réfléchit, prier c'est accorder son souffle au Souffle de Dieu :

— Seigneur, je me vide de mes idées, de mes projets, de mes peurs, de mes remords, de l'angoisse d'être homme ; sur l'expiration je m'abandonne... Seigneur, je me remplis de Ta force, de Ta lumière, de Ta paix, de Ton amour. Sur l'inspiration je reçois... À chaque expir, je donne. À chaque inspir, je reçois... Je donne, je reçois, je donne et je reçois... je me vide et me remplis de Toi, Seigneur, je donne, je reçois, je donne et je reçois : expir, inspir, expir, inspir... et le mouvement prend son rythme, et le chant du souffle m'emplit de paix. La prière est un chemin de sérénité.

La prière alliée au souffle est une relaxation.

REMARQUE : On se heurte parfois à une difficulté. Les personnes trop angoissées ou trop frustrées ne peuvent pas facilement accepter de commencer par donner, abandonner sans avoir d'abord un peu reçu. Il faut alors en un premier temps inverser le mouvement respiratoire : débuter par l'inspir. Graduellement on retrouve le mouvement prescrit : expir, inspir.

C. La paix du cœur

La prière est un acte d'amour. Prier engage le cœur. Toutes les grandes traditions mystiques ont privilégié la « voie du cœur » : les bouddhistes (le *Samâdhi* est atteint grâce à *Samadarshan* : le cœur équanime), les juifs (*hassidisme*), les musulmans (*soufisme*), les chrétiens : la *via purgativa* : la voie du cœur purifié. Et peut-on concevoir une prière laïque sans un cœur débarrassé de ses rancœurs, de ses violences ? Amour, cœur... il ne faut pas entendre ces mots dans leur sens habituel. Les mots ici sont piégés. La prière appelle un « amour » sans haine, ni crainte, ni frustration, ni jalousie, ni colère. Elle demande un cœur « purifié », un cœur qui dit « oui », un chenal d'eau vive, une flaque de ciel bleu. La prière chante la paix du cœur, cette paix dont l'Évangile nous dit qu'elle « dépasse tout entendement ». La paix du cœur est une relaxation.

D. Le silence

La prière commence par des supplications, des implorations, des cris, elle se termine par le silence, la communion du silence. La prière est une rivière, et, quel que soit son cours, ses écluses : l'intérêt, la révolte, la peur, et puis l'équilibre conquis, la respiration, la paisibilité du cœur, la confiance, l'Amour... son embouchure est toujours au silence. Tout se tait en nous, et même les rouages du corps se huilent de silence. La prière se fait écoute.

La prière est une oasis de silence.

*

Chaque génération caracole aux jours de sa jeunesse, et commet, sous des cieux qu'elle croit nouveaux, les immuables sottises. Mais quand l'ombre gagne, que son tour vient de quitter la journée, elle voudrait confier le peu que lui ont appris les années, transmettre le message, ces deux ou trois secrets, qui rendent moins tragique la vie, évitent les erreurs coûteuses, taillent un peu la friche du chemin. Sans illusion excessive mais avec un amour tenace, j'ai essayé. Parlant de relaxation, j'ai donné implicitement des conseils à vivre. Avoir pour cible le Bonheur, « décider d'être heureux », c'est la seule attitude raisonnable face à la vie. Ne vous récriez pas que cela, que ceci... je sais, je sais. Mais plus souvent qu'on ne le croit c'est un choix.

Pour atteindre ce but, hors le courage, deux moyens : le premier, faire la paix en soi, accorder sa guitare, corps, esprit, imaginaire, et à la semblance des musiciens, qui avant chaque concert accordent leurs instruments, recommencer tout au long de la vie (en se relaxant, par exemple). Je ne dis pas une fois mais soixante-dix fois sept fois. Le second moyen est le mieux connu : « aimer », aimer est le grand secret, la pierre d'angle. S'aimer soi est le plus difficile, qui que l'on soit, s'aimer sans tricher, sans barguigner et par ce chemin de lucide bienveillance aimer les autres autant que soi. Dans ce livre j'ai souvent effleuré les choses essentielles en souriant, zippant, zappant. J'ai cuisiné léger. Je voulais que me goûtent, et m'écoutent, tous ceux de mon époque distraite peu enclins à digérer tout crus les grands principes, et dont les oreilles ont gagné au fracas des radios, des télés, de stupéfiantes callosités. Il me fallait aussi la grâce de l'humour pour suggérer sans choquer ni blesser que la plus haute Sagesse, l'amour même de Dieu sont graines encloses dans une modeste relaxation de la langue, des sourcils, ou des épaules.

Table des matières

CATALOGUE LIBRIO (extraits)

PHILOSOPHIE ET SPIRITUALITÉ

Anonyme
La Genèse - n° 90
Le Coran - n° 590
Vie du Bouddha - n° 614

Yveline Brière
Le livre de la sagesse - n° 327
Le livre de la méditation - n° 411
Le livre de la paix intérieure - n° 505

Henri Brunel
Contes zen - n° 503
Nouveaux contes zen - n° 579
Dieu en poche - *L'aventure d'une vie* - n° 627
Le moustique - n° 679

Collectif
Vie de Jésus - n° 686

André Comte-Sponville
Le bonheur, désespérément - n° 513

Descartes
Discours de la méthode - n° 299

Arnaud Desjardins
Premiers pas vers la sagesse - n° 661

Épicure
Lettres et maximes - n° 363

Jean Éracle
Enseignements du Bouddha - n° 667

Khalil Gibran
Le prophète - n° 185

Lao Tseu
Tao-te-King - n° 733

Nicolas Machiavel
Le Prince - n° 163

Catherine Maillard et Éric Bony
Le rêve - *Histoire et significations* - n° 568

Thomas More
L'Utopie - n° 317

Friedrich Nietzsche
Fragments et aphorismes - n° 616

Ovide
L'art d'aimer - n° 11

Platon
Le banquet - n° 76
Le procès de Socrate - *Euthyphron, Apologie de Socrate, Criton* - n° 635

Jean-Jacques Rousseau
De l'inégalité parmi les hommes - n° 340

Saint Jean
L'Apocalypse - n° 329

Saint Luc
Évangile - n° 566

Sénèque
De la vie heureuse - n° 678

Vâtsyâyana
Les Kâma Sûtra - n° 152

Jacques de Voragine
La légende dorée - *Vie des douze apôtres* - n° 668

ANTHOLOGIE
Présentée par
Guillaume Pigeard de Gurbert
Si la philosophie m'était contée
De Platon à Gilles Deleuze - n° 403

LITTÉRATURE

Hans-Christian Andersen
La petite sirène et autres contes - n° 682

Anonyme
Tristan et Iseut - n° 357
Roman de Renart - n° 576
Les Mille et Une Nuits :
Sindbad le marin - n° 147
Aladdin ou la lampe merveilleuse - n° 191
Ali Baba et les quarante voleurs *suivi de* Histoire du cheval enchanté - n° 298

Guillaume Apollinaire
Les onze mille verges - n° 737

Fernando Arrabal
Lettre à Fidel Castro - n° 656

Isaac Asimov
La pierre parlante *et autres nouvelles* - n° 129

Richard Bach
Jonathan Livingston le goéland - n° 2
Le messie récalcitrant (Illusions) - n° 315

Honoré de Balzac
Le colonel Chabert - n° 28
Ferragus, chef des Dévorants - n° 226
La vendetta *suivi de* La bourse - n° 302

Jules Barbey d'Aurevilly
Le bonheur dans le crime *suivi de* La vengeance d'une femme - n° 196

René Barjavel
Béni soit l'atome *et autres nouvelles* - n° 261

James M. Barrie
Peter Pan - n° 591

Frank L. Baum
Le magicien d'Oz - n° 592

Nina Berberova
L'accompagnatrice - n° 198

Bernardin de Saint-Pierre
Paul et Virginie - n° 65

Patrick Besson
Lettre à un ami perdu - n° 218
28, boulevard Aristide-Briand *suivi de* Vacances en Botnie - n° 605

Pierre Bordage
Les derniers hommes :
1. Le peuple de l'eau - n° 332
2. Le cinquième ange - n° 333
3. Les légions de l'Apocalypse - n° 334
4. Les chemins du secret - n° 335
5. Les douze tribus - n° 336
6. Le dernier jugement - n° 337
Nuits-lumière - n° 564

Ray Bradbury
Celui qui attend *et autres nouvelles* - n° 59

Lewis Carroll
Les aventures d'Alice au pays des merveilles - n° 389
Alice à travers le miroir - n° 507

Jacques Cazotte
Le diable amoureux - n° 20

Adelbert de Chamisso
L'étrange histoire de Peter Schlemihl - n° 615

Andrée Chedid
Le sixième jour - n° 47
L'enfant multiple - n° 107
L'autre - n° 203
L'artiste *et autres nouvelles* - n° 281
La maison sans racines - n° 350

Arthur C. Clarke
Les neuf milliards de noms de Dieu *et autres nouvelles* - n° 145

Colette
Le blé en herbe - n° 7

Joseph Conrad
Typhon - n° 718

Benjamin Constant
Adolphe - n° 489

Savinien de Cyrano de Bergerac
Lettres d'amour et d'humeur - n° 630

Maurice G. Dantec
Dieu porte-t-il des lunettes noires ? *et autres nouvelles* - n° 613

Alphonse Daudet
Lettres de mon moulin - n° 12
Tartarin de Tarascon - n° 64

Philippe Delerm
L'envol *suivi de* Panier de fruits - n° 280

Virginie Despentes
Mordre au travers - n° 308
(pour lecteurs avertis)

Philip K. Dick
Les braconniers du cosmos *et autres nouvelles* - n° 92

Denis Diderot
Le neveu de Rameau - n° 61
La religieuse - n° 311

Fiodor Dostoïevski
L'éternel mari - n° 112
Le joueur - n° 155

Alexandre Dumas
La femme au collier de velours - n° 58

Francis Scott Fitzgerald
Le pirate de haute mer *et autres nouvelles* - n° 636

Gustave Flaubert
Trois contes - n° 45
Passion et vertu *et autres textes de jeunesse* - n° 556

Cyrille Fleischman
Retour au métro Saint-Paul - n° 482

Théophile Gautier
Le roman de la momie - n° 81
La morte amoureuse *suivi de* Une nuit de Cléopâtre - n° 263

J.W. von Goethe
Faust - n° 82

Nicolas Gogol
Le journal d'un fou *suivi de* Le portrait *et de* La perspective Nevsky - n° 120
Le manteau *suivi de* Le nez - n° 691

Jacob Grimm
Blanche-Neige *et autres contes* - n° 248

Pavel Hak
Sniper - n° 648

Homère
L'Odyssée *(extraits)* - n° 300
L'Iliade *(extraits)* - n° 587

Michel Houellebecq
Rester vivant *et autres textes* - n° 274
Lanzarote *et autres textes* - n° 519
(pour lecteurs avertis)

Victor Hugo
Le dernier jour d'un condamné - n° 70
La légende des siècles *(extraits)* - n° 341

Henry James
Le tour d'écrou - n° 200

Franz Kafka
La métamorphose *suivi de* Dans la colonie pénitentiaire - n° 3

Stephen King
Le singe *suivi de* Le chenal - n° 4
Danse macabre :
Celui qui garde le ver
et autres nouvelles - n° 193
Cours, Jimmy, cours
et autres nouvelles - n° 214
L'homme qu'il vous faut
et autres nouvelles - n° 233
Les enfants du maïs
et autres nouvelles - n° 249

Rudyard Kipling
Les frères de Mowgli
et autres nouvelles de la jungle - n° 717

Madame de La Fayette
La princesse de Clèves - n° 57

Jean de La Fontaine
Contes libertins - n° 622

Howard P. Lovecraft
Les autres dieux
et autres nouvelles - n° 68

Marco Polo
Le Livre des merveilles du monde - n° 727

Richard Matheson
La maison enragée *et autres nouvelles fantastiques* - n° 355

Guy de Maupassant
Le Horla - n° 1
Boule de Suif
et autres nouvelles - n° 27
Une partie de campagne
et autres nouvelles - n° 29
Une vie - n° 109
Pierre et Jean - n° 151
Contes noirs - *La petite Roque*
et autres nouvelles - n° 217
Le Dr Héraclius Gloss
et autres histoires de fous - n° 282
Miss Harriet *et autres nouvelles* - n° 318

Prosper Mérimée
Carmen *suivi de* Les âmes du purgatoire - n° 13
Mateo Falcone *et autres nouvelles* - n° 98
Colomba - n° 167
La Vénus d'Ille *et autres nouvelles* - n° 236

Alberto Moravia
Le mépris - n° 87
Histoires d'amour - n° 471

Gérard de Nerval
Aurélia *suivi de* Pandora - n° 23
Sylvie *suivi de* Les chimères *et de* Odelettes - n° 436

Charles Perrault
Contes de ma mère l'Oye - n° 32

Edgar Allan Poe
Double assassinat dans la rue Morgue *suivi de* Le mystère de Marie Roget - n° 26
Le scarabée d'or *suivi de*
La lettre volée - n° 93
Le chat noir *et autres nouvelles* - n° 213
La chute de la maison Usher
et autres nouvelles - n° 293
Ligeia *suivi de* Aventure sans pareille d'un certain Hans Pfaall - n° 490

Alexandre Pouchkine
La fille du capitaine - n° 24
La dame de pique *suivi de*
Doubrovsky - n° 74

Abbé Antoine-François Prévost
Manon Lescaut - n° 94

Marcel Proust
Sur la lecture - n° 375
La confession d'une jeune fille - n° 542

Raymond Radiguet
Le diable au corps - n° 8

Vincent Ravalec
Les clés du bonheur, Du pain pour les pauvres *et autres nouvelles* - n° 111
Pour une nouvelle sorcellerie artistique - n° 502
Ma fille a 14 ans - n° 681

Jules Renard
Poil de Carotte - n° 25
Histoires naturelles - n° 134

Marquis de Sade
Les infortunes de la vertu - n° 172

George Sand
La mare au diable - n° 78

Ann Scott
Poussières d'anges - n° 524

Comtesse de Ségur
Les malheurs de Sophie - n° 410

Robert Louis Stevenson
L'étrange cas du Dr Jekyll et de Mr Hyde - n° 113

Jonathan Swift
Le voyage à Lilliput - n° 378

Anton Tchekhov
La cigale *et autres nouvelles* - n° 520
Histoire de rire *et autres nouvelles* - n° 698

Léon Tolstoï
La mort d'Ivan Ilitch - n° 287
Enfance - n° 628

Ivan Tourgueniev
Premier amour - n° 17

Les eaux printanières - n° 371

Henri Troyat
La neige en deuil - n° 6
Viou - n° 284

François Truffaut
L'homme qui aimait les femmes - n° 655

Zoé Valdés
Un trafiquant d'ivoire, quelques pastèques *et autres nouvelles* - n° 548

Fred Vargas
Petit traité de toutes vérités sur l'existence - n° 586

Jules Verne
Les forceurs de blocus - n°66
Le château des Carpathes - n° 171
Les Indes noires - n° 227
Une ville flottante - n° 346

Villiers de l'Isle-Adam
Contes au fer rouge - n° 597

Voltaire
Candide - n° 31
Zadig ou la Destinée *suivi de* Micromégas - n° 77
L'Ingénu *suivi de* L'homme aux quarante écus - n° 180
La princesse de Babylone - n° 356
Jeannot et Colin *et autres contes philosophiques* - n° 664

Oscar Wilde
Le fantôme de Canterville *suivi de* Le prince heureux, Le géant égoïste *et autres nouvelles* - n° 600

Émile Zola
La mort d'Olivier Bécaille *et autres nouvelles* - n° 42
Naïs Micoulin *suivi de* Pour une nuit d'amour - n° 127
L'attaque du moulin *suivi de* Jacques Damour - n° 182

ANTHOLOGIES

Le haschich
De Rabelais à Jarry, 7 écrivains parlent du haschich - n° 582

Inventons la paix
8 écrivains racontent... - n° 338
Amour, désir, jalousie - n° 617
Pouvoir, ambition, succès - n° 657

Toutes les femmes sont fatales
De Sparkle Hayter à Val McDermid, 7 histoires de sexe et de vengeance - n° 632

Présenté par Estelle Doudet
L'amour courtois et la chevalerie
Des troubadours à Chrétien de Troyes - n° 641

Présenté par Estelle Doudet
Les Chevaliers de la Table ronde - n° 709

Présenté par Irène Frain
Je vous aime
Anthologie des plus belles lettres d'amour - n° 374

Présenté par Jean-Jacques Gandini
Les droits de l'homme
Textes et documents - n° 250

Présenté par Gaël Gauvin
Montaigne - n° 523

Présentés par Sébastien Lapaque
Rabelais - n° 483
Malheur aux riches ! - n° 504

Françoise Morvan
Lutins et lutines - n° 523
J'ai vu passer dans mon rêve
Anthologie de la poésie française - n° 530
Les sept péchés capitaux :
Orgueil - n° 414
Envie - n° 415
Avarice - n° 416
Colère - n° 418
Gourmandise - n° 420

Présenté par Jérôme Leroy
L'école *de Chateaubriand à Proust* - n° 380

Présentés par Roger Martin
La dimension policière - *9 nouvelles de Hérodote à Vautrin* - n° 349

Présentée par Philippe Oriol
J'accuse ! *de Zola et autres documents* - n° 201

Présentées par Jean d'Ormesson
Une autre histoire de la littérature française :
Le Moyen Âge et le XVIe siècle - n° 387
Le théâtre classique - n° 388
Les écrivains du grand siècle - n° 407
Les Lumières - n° 408
Le romantisme - n° 439
Le roman au XIXe siècle - n° 440
La poésie au XIXe siècle - n° 453
La poésie à l'aube du XXe siècle - n° 454
Le roman au XXe siècle : Gide, Proust, Céline, Giono - n° 459
Écrivains et romanciers du XXe siècle - n° 460

Présenté par Guillaume Pigeard de Gurbert
Si la philosophie m'était contée
De Platon à Gilles Deleuze - n° 403

Librio

561

Achevé d'imprimer par GGP en Allemagne (Pössneck)
en mars 2007 pour le compte de E.J.L.
87, quai Panhard-et-Levassor, 75013 Paris
EAN 9782290342619
Dépôt légal mars 2007.
1er dépôt légal dans la collection : septembre 2002

Diffusion France et étranger : Flammarion